ORAISON FUNÈBRE

DE MESSIEURS

DE LA ROCHEJAQUELEIN,

GÉNÉRAUX EN CHEF DE L'ARMÉE VENDÉENNE;

PRONONCÉE A SAINT-AUBIN-DE-BAUBIGNÉ, LE 8 JUILLET 1828,

EN PRÉSENCE DE

S. A. R. MADAME LA DUCHESSE DE BERRI,

PAR M. L'ABBÉ LAMBERT,

PRÉDICATEUR ORDINAIRE DU ROI, VICAIRE GÉNÉRAL DE POITIERS.

SECONDE ÉDITION.

A POITIERS,

CHEZ FRANÇOIS-AIMÉ BARBIER, LIBRAIRE, IMPRIMEUR DU ROI
ET DE MONSEIGNEUR L'ÉVÊQUE.

—

1828.

A Madame

la Marquise

De la Rochejaquelein.

———

Madame,

Cette Oraison funèbre devoit paroître sous
vos auspices. Elle vous rappellera de grandes
infortunes; mais vous trouverez un adoucissement
à vos regrets dans le souvenir de la gloire des
Héros que vous pleurez. Je sais que vous élevez
plus haut vos pensées, & que vous cherchez votre

consolation dans les espérances immortelles que vous offre la Religion.

Je suis avec respect,

Madame la Marquise,

Votre très humble & très obéïssant Serviteur,

Lambert,
Vic. gén., Préd. ord. du Roi.

Poitiers, 26 juin 1828.

ORAISON FUNÈBRE

DE MESSIEURS

DE LA ROCHEJAQUELEIN,

GÉNÉRAUX EN CHEF DE L'ARMÉE VENDÉENNE.

Quomodò cecidit potens, qui salvum faciebat populum Israel?

Comment est mort cet homme puissant, qui sauvoit le peuple d'Israël?

I.er Liv. des MACHABÉES, chap. 9.

MADAME,

TELLES sont les paroles nobles et expressives dont se servent les livres saints pour louer la vie et déplorer la mort du vaillant Machabée. Cet homme, qui réjouissoit Jacob par ses exploits et portoit la gloire de son nom jusqu'aux extrémités de la terre; cet homme, qui renversoit les idoles des nations et réparoit avec ses mains triomphantes les ruines du sanctuaire; cet homme, qui ne vouloit d'autre récompense des services rendus à la Patrie que l'honneur de l'avoir délivrée de ses ennemis; cet homme magnanime reçoit le coup mortel, et demeure comme enseveli dans son propre triomphe. Au bruit de ce funeste événement, toutes les villes de la Judée sont émues, et tous les rivages du Jourdain retentissent du son de ces lugubres paroles : Comment est mort cet homme puissant, qui sauvoit le peuple d'Israël? *Quomodò cecidit potens, qui salvum faciebat populum Israel?*

Chrétiens, que cette religieuse cérémonie rassemble en ces lieux, vous mettez à la place du héros dont parle l'Ecriture, ces martyrs de la royauté dont je viens célébrer les exploits. Lorsque la mort arrêta le cours de leurs victoires, que de soupirs, que de plaintes, que de louanges! Combien de fois les échos de la Vendée n'ont-ils pas répété ces tristes paroles : Comment sont morts ces généreux guerriers, qui sont la gloire de la France et l'orgueil de ces contrées? *Quomodò cecidit potens, qui salvum faciebat populum Israel?*

Les Donnissan, les Lescure, les la Rochejaquelein eurent pendant leur vie le même but, le même courage, le même dévouement. Défendre le Trône et l'Autel, mourir pour cette cause sacrée : voilà le secret de leur ambition, la source de tant de triomphes. Ces hommes, qui ont rempli l'histoire de pages si glorieuses, n'avoient parmi nous qu'un obscur tombeau. La Patrie reconnoissante devoit leur élever un monument qui rendît leur mémoire éternelle. Il est beau de voir la Religion et la Royauté se réunir pour décerner des hommages publics à des hommes qui sont morts pour leur Dieu et pour leur Roi. La Religion est représentée par le vénérable Pontife qui bénit les fondemens de ce noble mausolée. La Royauté pouvoit-elle apparoître à nos yeux sous des traits plus touchans que ceux de cette Princesse illustre, que ses grâces et ses vertus environnent de tant d'amour ?

Puisse cette solennité consoler la fille et la veuve de ces héros, qui ont échangé quelques jours de vie contre des siècles de gloire ; un fils, qui, sur les bords du Danube, vient d'obtenir les éloges du Souverain d'un vaste empire ; un frère, qui, par son courage dans les batailles et l'élévation de ses sentimens, est digne de ceux qui l'ont précédé dans la tombe ; des sœurs, qui, oubliant la foiblesse de leur sexe, ont conduit plus d'une fois les guerriers aux combats!

Courageux Vendéens ! les honneurs que nous rendons à ceux qui vous menoient à la victoire rejaillissent sur vous. Vous avez conquis l'admiration de l'univers. Fut-il jamais une plus noble récompense de vos généreux sacrifices, de vos glorieuses cicatrices, de vos étonnantes disgrâces !

PREMIÈRE PARTIE.

Quand l'orgueil humain foule aux pieds tous les principes, outrage toutes les vertus, s'élève contre Dieu même, la vengeance divine est terrible. Le Seigneur dit alors : Mon esprit ne résidera plus dans l'homme ; je l'abandonne à ses propres ténèbres : *Non permanebit spiritus meus in homine.* Dieu retire sa main, maîtresse de l'ordre, et l'anarchie s'avance triomphante au milieu des nations. Devant elle marche la mort, et l'enfer est à sa suite. En sa présence les autels tombent, les trônes s'écroulent, les générations disparoissent, et les morts mêmes ne trouvent pas un asile assuré au fond de leurs tombeaux. Nous avons vu ces jours de troubles et de discordes : nous avons vu périr sur des échafauds sanglans le meilleur des Rois, la Fille des Césars, l'Ange de la France, les Magistrats, les Prêtres et les Pontifes. Dans cette nuit profonde, où ce royaume n'étoit plus qu'un triste cadavre doublement mort à la vérité et à la vertu, combien d'astres brillans souffrirent des éclipses ! combien de sujets fidèles furent entraînés par le torrent des partis ! Hélas ! le pilote surpris par l'orage quitte souvent la route qu'il vouloit tenir et s'abanbandonne au gré des vents.

Dans ces temps d'impiété et d'anarchie, la Religion et l'honneur se réfugièrent dans les camps du grand Condé, dans plusieurs de nos provinces, et surtout dans cette glorieuse contrée. A la vue des forfaits de la France, les Vendéens frémissent de désespoir et d'horreur. Ils sont prêts à mourir pour rendre à Dieu ses autels, aux Bourbons, la couronne de saint Louis.

Henri de la Rochejaquelein, qui ne comptoit alors que quatre lustres, entend les gémissemens de la fidélité, les cris d'une juste vengeance, qui retentissent autour de lui : il sait qu'il va se dévouer à toutes les privations, à tous les dangers, au martyre ; mais il sait aussi qu'il vaut mieux périr les armes à la main, que de voir la ruine de sa Patrie et la profanation du culte de ses pères. Il paroît dans ce lieu même où reposent ses cendres. Sa démarche fière , son regard étincelant, son sourire plein de bonté , son langage animé enflamment tous les cœurs. Dix mille hommes se pressent autour de lui, le choisissent pour leur chef, et jurent de verser leur sang pour Jésus-Christ, qui a répandu pour eux le sien sur le Calvaire , et pour ces Princes malheureux qui errent dans des climats étrangers. De si nobles sentimens , une confiance si généreuse attendrirent Henri : « Je ne suis qu'un » enfant, leur dit-il; mais , par mon courage, je me » montrerai digne de vous commander. Si j'avance, » suivez-moi; si je recule, tuez-moi; si je meurs , » vengez – moi ». Ainsi commence cette guerre sainte, qui fit plus trembler la République que la puissance de tous les Rois.

Que va devenir cette foible armée qui ne connoît point l'art des combats , qui est environnée de légions nombreuses, qui n'a pour ressource que son intrépidité? Elle part aux cris de *vive la Religion ! vive le Roi !* et remporte des victoires. Les premiers succès de Henri furent brillans, et lui procurèrent des munitions et des armes. Semblable à ces fleuves qui s'étendent à mesure qu'ils s'éloignent de leur source , sa gloire va répandre de jour en jour un plus vif éclat.

★

Le pieux et magnanime Bonchamp défend dans l'Anjou la cause sacrée de la légitimité ; mais il est entouré d'ennemis puissans , qui lui rendent nécessaire un secours étranger. Henri lui conduit ses soldats, et Chollet, Chemillé, Vihiers se soumettent à leurs lois. C'est alors que vinrent se réunir à l'armée, Donnissan, qui avoit fait les guerres d'Allemagne avec honneur , qui rendit d'importans services dans les conseils , et qui refusa toujours le commandement ; Lescure, qui étoit si brave dans les combats , si humain après la victoire, si fidèle à ses devoirs envers Dieu, qu'on l'appeloit *le Saint du Poitou.*

Après la prise de Bressuire, l'armée royale marche sur Thouars. C'est en vain que cette ville place sa confiance dans ses antiques remparts, dans la profondeur de son fleuve , dans la hauteur de ses collines , dans le nombre de ses défenseurs. Après un long combat , où la Rochejaquelein fait des prodiges de courage , elle ouvre ses portes au vainqueur. Parthenay , Fontenay , Montreuil et tant d'autres cités voient flotter sur leurs murs le drapeau sans tache , et partout c'est Henri qui semble commander à la victoire. J'avoue que je succombe ici sous le poids de mon sujet. Ce grand nombre d'actions dont je dois parler m'embarrasse : je ne puis les décrire toutes, et cependant je voudrois, pour la gloire du héros , n'en omettre aucune.

Quelle étonnante différence entre les deux armées

qui combattent ! Dans l'une , on entend les chants
de la prière ; on porte sur ses vêtemens les emblê-
mes de la Foi ; on fléchit le genou, avant les batailles ,
devant le ministre de Dieu , pour recevoir le par-
don de ses fautes : dans l'autre , on entend tous
les blasphèmes de l'impiété , toutes les imprécations
de l'enfer. Ici, on épargne les vaincus. « Emmenez
» ce prisonnier , dit avec douceur Lescure à ses sol-
» dats » ; cet homme avoit voulu lui donner la mort.
« Grâce aux prisonniers: je le veux ; je l'ordonne » ,
sont les dernières paroles de Bonchamp mou-
rant. Là, on immole les vieillards, les femmes,
les enfans : des membres palpitans sont les horri-
bles trophées que l'on voit suspendus à un fer
ensanglanté. D'un côté , on respecte les propriétés
et les fortunes ; de l'autre , on réduit en cendres
les habitations des riches et les chaumières des
indigens. Dans l'armée royale brillent toutes les
vertus ; dans l'armée républicaine se commettent
des crimes inconnus dans les siècles les plus bar-
bares. Tant de forfaits ne vaincront-ils pas la clémence des Vendéens ? Non. Ils sont soldats chrétiens : ils savent qu'ils doivent ménager un sang
que Jésus-Christ a consacré par le sien sur l'arbre
de la Croix. Ah ! des hommes qui appellent le
crime vertu, les ténèbres lumière , peuvent donner des noms odieux à ces braves guerriers ; mais
il n'est pas en leur pouvoir de leur ravir l'honneur.

Le Seigneur est le Dieu des armées ; l'Esprit-

Saint a célébré les combats : nous pouvons donc parler des exploits de la Rochejaquelein sans manquer à la dignité de notre ministère. L'armée royale veut agrandir le théâtre de ses opérations, disposer à son gré du passage de la Loire : la prise de Saumur est arrêtée dans ses conseils. Cette ville est dominée par une citadelle imposante, protégée par des redoutes élevées avec art, défendue par une garnison nombreuse. Le combat commence ; Lescure est blessé ; les Vendéens sont ébranlés : ce grand homme oublie ses douleurs, réveille leur courage, et les ramène sur le champ de bataille. Henri, placé dans les prairies de Varin, attaque le camp républicain, franchit ses fossés, emporte ses positions, et le met dans une déroute entière. Entraîné par son ardeur, il poursuit l'ennemi, et ne s'aperçoit pas qu'il est au milieu de la ville avec le seul Baugé. Mais soit la hardiesse de l'entreprise, soit la seule présence d'un capitaine célèbre, soit la protection visible du ciel, tout fuit devant le héros. Quatre-vingts pièces de canon, des munitions et des armes, onze mille prisonniers furent les suites heureuses de cette importante conquête. Turenne auroit regardé cette journée comme une des plus glorieuses de sa vie.

Après les batailles de Luçon, de Montaigu, de Saint-Fulgent, et de tant d'autres lieux dont les noms seuls demanderoient le temps d'un discours, l'armée royale passe la Loire. Bonchamp, couvert de blessures, expire sur ses bords, et va recevoir dans le Ciel la récompense de ses travaux et de ses vertus. Hélas! son humanité touchante envers les vaincus n'empêchera pas la profanation de son tombeau.

La Rochejaquelein est nommé général en chef aux acclamations de tous les Vendéens. Qu'il est difficile d'être victorieux et humble tout ensemble! les prospérités militaires remplissent l'âme tout entière : on regarde comme son propre bien des lauriers arrosés de son sang. La modestie de Henri égale son courage; il obéit et pleure. Le général de l'armée livre tous les jours de nouveaux combats, et remporte tous les jours de nouvelles victoires. Quinze mille hommes défendent inutilement Laval; il entre dans cette ville en vainqueur. C'est là qu'il se montre véritablement grand et chrétien. Il poursuit l'ennemi, et se trouve seul avec un soldat qui l'attaque avec fureur: il est blessé; mais il résiste avec courage. Les Vendéens accourent, et veulent immoler celui qui s'efforçoit de leur ravir un père. Henri les arrête, et accorde la vie et la liberté à un républicain qui vouloit lui donner la mort.

Les ennemis vaincus à Laval se réunissent sous ses murs, et présentent la bataille. La Rochejaquelein l'accepte et triomphe. Il montra dans cette journée un talent et un sang - froid qui excitèrent une admiration universelle. Mais quelle douleur vient troubler la joie de tant de victoires! Lescure succombe à ses blessures, et termine une carrière de gloire et de vertus. Tous cherchent par leurs larmes à consoler une veuve désolée. « Ah ! si ma » vie pouvoit vous rendre votre époux, lui dit le » sensible Henri, je vous la donnerois volontiers. » Je pourrois parler ici des places prises, des batailles gagnées dans la Normandie, la Bretagne, le Maine et l'Anjou ; mais dérobons quelque chose à la renommée de notre héros, plutôt que de vous offrir plus long-temps l'image funeste de nos calamités passées.

Dieu tient dans sa main la victoire : il la donne ou la retire selon les décrets de son impénétrable sagesse. L'armée royale n'éprouve plus qu'une longue suite de revers. Je n'ai pas la force de vous peindre sa noble résistance, ses longues souffrances, sa cruelle agonie. Henri, heureux sans orgueil, malheureux avec dignité, rentre dans la Vendée, réunit des soldats, obtient de nouveaux succès. Mais, ô Dieu terrible et toujours juste ! qui faites éclater votre grandeur suprême en immolant de grandes victimes, vous arrêtez le héros ! Un plomb meurtrier le frappe, le renverse ; la Rochejaquelein n'est plus. Ainsi mourut, au printemps de sa vie, pour son Dieu et pour son Roi, l'idole de son armée, que ses soldats ne peuvent nommer encore sans éprouver un sentiment d'orgueil et répandre des pleurs. Il ne manque aujourd'hui à sa gloire qu'un orateur digne de lui.

La mort de Henri fut soudaine, mais depuis long-temps prévue. Il savoit qu'il termineroit sa vie dans

les combats : les palmes immortelles du Ciel soute-
noient plus son courage , que les vains applaudisse-
mens des hommes. Il rapportoit toujours à Dieu
l'honneur de ses victoires : on le voyoit souvent
prier avec ses religieux soldats. Avant les batailles,
il abaissoit son front ceint de lauriers devant le prêtre
qui prononçoit sur l'armée une sentence de grâce.

Le frère de celui que nous pleurons réclame nos
éloges : c'est le sujet de la seconde partie.

SECONDE PARTIE.

Le dogme de la Providence éclate de toutes parts.
La raison et la Religion , ces deux flambeaux qui
éclairent le monde, unissent ensemble leurs rayons
pour attester son existence. Cette Providence, si
visible dans le cours des astres , dans les mouvemens de l'Océan, dans l'ordre des saisons, est souvent inaccessible à nos regards dans le gouverne-
ment des empires.

La France, fatiguée de tant de tempêtes, auroit
dû rappeler ses Princes légitimes. Nous crûmes nos
fautes trop grandes pour être pardonnées ; nous
ne songeâmes pas que le cœur d'un Fils de saint
Louis est un trésor inépuisable de clémence. On
désespéra de trouver parmi les Français un front
qui osât porter la couronne de Louis XVI. Un
étranger se présente ; il est choisi. Quel règne ! Je
ne parlerai point de la mort du dernier rejeton du
vainqueur de Rocroi ; de ces guerres qui blan-

chirent toutes les contrées de l'Europe des ossemens de nos frères ; de cette puissance qui se déborda comme le flux de la mer et qui se retira comme son reflux : la charité chrétienne me commande le silence sur ces tristes événemens.

Louis de la Rochejaquelein gémit de voir un usurpateur troubler l'ordre des successions royales, se faire l'héritier des héros, et profiter dans un seul jour de la dépouille du génie, de la gloire et du temps. Dans sa retraite souvent menacée, il adresse au Ciel les vœux les plus ardens pour le retour de cette Famille auguste, qui peut seule rendre à la patrie la paix et le bonheur. Les offres les plus flatteuses n'ébranlent point sa constance. Il a des exemples à suivre, des exemples à donner. Jamais il ne se servira de ses armes que pour la défense de son Prince. Des victoires, des traités, une alliance glorieuse semblent annoncer que Dieu, qui, quand il lui plaît, fait mourir les dynasties et les royaumes, a rejeté la race de nos Rois. Louis, espère contre toute espérance. Dans les intérêts de la monarchie, il forme et entretient des intelligences secrètes avec un grand nombre de Français fidèles qui partageoient ses nobles sentimens.

Dieu est grand jusqu'à l'étonnnement, le ravissement, la terreur : *Terribiliter magnificatus es.* Pour renverser celui qui vouloit dicter des lois à l'univers, il n'a pas besoin de nombreuses armées : il envoie un souffle de sa colère, et tout périt au milieu des frimas : *Ante faciem frigoris ejus quis sustinebit.*

Au bruit de ce grand événement, les Bourbons, qui pleuroient dans l'exil, non leurs malheurs, mais les nôtres, se rapprochent de nos frontières. La Rochejaquelein se sent animé d'une nouvelle ardeur. Il forme le glorieux projet de conduire le Dauphin triomphant dans les murs de Bordeaux. Il part, brave tous les dangers, arrive auprès du Prince, et l'instruit de ses desseins. « J'ai confiance » en vous, lui répond le Petit-Fils d'Henri IV ; » partez, et je vous suis. » La Rochejaquelein, par la sagesse de ses conseils, assure le succès de son entreprise, et Bordeaux reçoit un Bourbon. Cité fidèle, tu méritois de donner ton nom à ce royal Enfant, qui est l'objet de notre amour et l'espoir de la Patrie. Généreux la Rochejaquelein, quelles furent les émotions de ton âme, lorsque ton Roi t'adressa ces paroles : « C'est à vous que je dois le » mouvement de ma bonne ville de Bordeaux ».

Monsieur, dans une autre de nos provinces, arrive seul, sans soldats, sans appui. Il se nomme, et tout le peuple tombe à ses genoux et les embrasse. Les Anges de paix volent au-delà de l'Océan, ramènent ce bon Roi, qui ne vient au milieu de nous que pour pardonner. Quel concours ! quel empressement ! quelles acclamations ! A la vue de ses Maîtres légitimes, la France se repose et tressaille de joie : *Conquievit, et gavisa est.*

Cette vie n'est qu'agitation , qu'incertitude ; Dieu le permet ainsi pour nous faire soupirer après cette Jérusalem céleste , qui a pour frontière une paix éternelle : *Posuit fines tuos pacem*. Celui qui avoit fait à la France des blessures si profondes, reparoît, comme Genséric, *là où l'appeloit la colère de Dieu*. Nos Princes infortunés , qui nous avoient rendu la Religion , la paix et l'honneur , sont encore une fois errans et fugitifs ; mais les larmes et les regrets des Français prouvent que la Monarchie est restée tout entière. L'Europe, qui connoît la foi, la loyauté , la sagesse de Louis XVIII , sait qu'elle ne peut trouver de garantie que dans son trône et dans sa parole : elle fait marcher ses nombreuses légions vers nos frontières désolées.

A la vue de ces grandes infortunes , la Rochejaquelein éprouve la douleur la plus profonde ; mais son âme n'est point abattue : il accompagne , jusqu'au lieu de son exil, ce Monarque malheureux , qui ne s'éloigne de ses états que pour ménager le sang de ses sujets. Ah ! si des parjures osoient l'insulter , on le verroit mourir pour le défendre.

La Rochejaquelein attendra-t-il en paix , auprès de son Prince, le cours des événemens qui se préparent? Non. Le repos ne convient point à son courage ; il lui faut une carrière toujours ouverte aux plus éclatans services. Il demande à son Roi le pouvoir de se rendre dans cette Vendée fidèle, qui fumoit encore du sang de son illustre frère et de tant d'autres nobles

victimes. Pour travailler avec succès au rétablisse-
ment de l'autorité légitime , il faut des munitions
et des armes : il les obtient de ce peuple généreux ,
qui est jaloux de notre gloire , mais qui ne refuse
jamais des bienfaits. La déclaration des Souverains,
les secours de l'Angleterre , le dévouement de ces
contrées , lui font concevoir le doux espoir de voir
bientôt les Bourbons rendus à notre amour.

Enfin la Rochejaquelein revoit la terre de l'honneur et de la fidélité. Que ne puis-je vous lire cette
proclamation sublime, qui feroit mieux son éloge
que tous nos discours ! Là , il rappelle aux Vendéens la gloire qu'ils ont acquise dans les combats ,
et leur nomme ce frère , objet de leurs regrets ,
qui les a conduits si souvent à la victoire. Là , il leur
montre la sainteté de la cause qu'ils ont à défendre , et finit par ces paroles remarquables de Louis-
le-Désiré : *Je devrai ma couronne aux Vendéens.*
A sa voix , la Vendée se lève tout entière. Le
Maine et l'Anjou partagent cet élan généreux. Des
troupes nombreuses, de brillans succès obtenus ,
l'effroi des parjures , tout annonce que l'oracle du
Monarque va s'accomplir.

Il faut choisir un général en chef qui puisse fixer
les volontés , diriger les mouvemens , embrasser
l'ensemble des opérations. La Rochejaquelein est
revêtu du commandement suprême : la confiance
du Roi, ses rapports avec l'Angleterre , la gloire
de son nom, le rendoient digne de cet honneur.

Vous parlerai-je de la pénétration d'esprit du général en chef de l'armée vendéenne, de ses connoissances dans l'art de la guerre, de la sagesse de ses projets? Abandonnons à l'histoire cette tâche glorieuse. Vous montrerai-je ce courage qu'aucune difficulté n'arrête, qu'aucune disgrâce ne peut vaincre, qui reste supérieur à tous les événemens? Il voit tomber à ses côtés Beauregard, son beau-frère, qui laisse de nombreux orphelins; le jeune Charette, son ami, qui, baigné dans son sang, commandoit encore ses soldats, les exhortoit à suivre Louis de la Rochejaquelein, et à rester fidèles à la dynastie de nos Rois. Ces scènes de douleur déchirent son âme sensible, mais ne peuvent l'abattre. Vous peindrai-je cette intrépidité dans les combats, qui enflammoit tous les cœurs, qui jetoit l'épouvante parmi les ennemis, qui créoit des prodiges? « Louis de la Rochejaquelein, s'écrioient » tous les officiers dans leur enthousiasme, est tout » à Dieu, au Roi, à l'honneur : digne émule de son » frère Henri, il ne peut que nous conduire à la » victoire. » L'armée royale comptoit sans doute dans ses rangs les d'Autichamp, les Suzannet, les Sapinaud, les Canuel, et d'autres illustres chefs qui méritoient de la commander. Jamais nous n'avons cessé d'offrir le juste tribut de nos éloges à des généraux, dont les uns sont morts pour leur Roi, et les autres sont prêts à verser leur sang pour sa défense.

La flotte anglaise, partie de ses ports à la demande de Louis de la Rochejaquelein, couvre de munitions nos rivages. C'est alors que l'ennemi s'avance et attaque avec fureur l'armée malheureusement peu nombreuse. Elle soutient avec courage trois jours de combats, et fait entrer dans la Vendée des armes, plus précieuses pour elle que tous les trésors de l'univers. Enfin, dans la journée des Mathes, les Vendéens font des prodiges de valeur; Louis de la Rochejaquelein combat comme un héros, et meurt couvert de gloire sur le champ de bataille. O profondeur des conseils de Dieu! le général expire dans le moment même où, par son ordre, la division du Marais arrivoit et lui apportoit la victoire. Ainsi finit le plus vertueux, le plus brave et le moins ambitieux des hommes.

En vain voudrois-je vous peindre la consternation de l'armée, la douleur de sa famille, les regrets de ces contrées. Partout les chants lugubres de l'Église sont interrompus par des soupirs et des sanglots. O Louis la Rochejaquelein, tu meurs bien jeune encore; mais tu as fourni une immense carrière : ta famille est désolée; mais tu lui laisses un nom immortel : tu ne commanderas plus nos armées; mais tu donnes de grands exemples aux guerriers de tous les siècles : tu ne verras pas le retour de tes maîtres; mais tu partages dans le Ciel la joie des Martyrs!

Généreux Vendéens, ils sont rendus à nos vœux les Enfans de saint Louis : leurs vertus, leurs bienfaits, les miracles de la Providence, tout nous annonce que nous conserverons toujours en France les Bourbons et la Foi. Mais si de nouveaux orages éclatoient parmi nous, si les jours de deuil et d'opprobre dont nous avons été les témoins nous demandoient de nouvelles larmes, on trouveroit en vous la même fidélité, le même courage, le même dévouement. Les noms des Donnissan, des Lescure, des la Rochejaquelein ranimeroient votre antique ardeur. La vue seule de ce tombeau enflammeroit tous les cœurs. Oui, la Croix et le Drapeau sans tache seront toujours les bannières de la Vendée ; Dieu et le Roi seront toujours les objets de son culte.

Seigneur, vous avez reçu dans votre sein les guerriers que nous pleurons : leur foi si vive, leur humanité si touchante, leurs sacrifices si généreux nous inspirent cette douce confiance. Nous aimons à penser qu'ils protégent encore la France. Ils prient pour un Monarque chéri, qui n'est heureux que de notre bonheur ; pour nos Princes, qui nous comblent de bienfaits ; pour cette Princesse auguste, dont la présence fait éclater dans tous les lieux des transports de joie ; pour ce royal Orphelin qu'attendent de si hautes destinées.

Mais, ô mon Dieu ! qui oseroit descendre dans les profondeurs de vos conseils ? Vous trouvez des taches dans les astres les plus purs ; vous jugez les justices mêmes. Peut-être ces religieux guerriers sont-ils encore dans ce séjour d'expiation où vous achevez de purifier les âmes. Chrétiens, présentons donc pour eux, au Juge suprême des vivans et des morts, nos prières, nos aumônes et le sacrifice de nos autels. Hâtons par nos vœux le moment où ils jouiront du repos éternel, que nous devons un jour partager avec eux, et que je vous souhaite. Ainsi soit-il.

FIN.